U0838134

学汉语分级读物

⑲

Xiàng Yǔ De Gùshi

项羽的故事

第3级

历史故事

陈贤纯 编著

北京语言大学出版社
BEIJING LANGUAGE AND CULTURE UNIVERSITY PRESS

© 2019 北京语言大学出版社，社图号 19096

图书在版编目（CIP）数据

项羽的故事 / 陈贤纯编著 . -- 北京 ：北京语言大学出版社，2019.9

（学汉语分级读物 . 第 3 级 ：历史故事）

ISBN 978-7-5619-5508-6

Ⅰ. ①项… Ⅱ. ①陈… Ⅲ. ①汉语－对外汉语教学－语言读物 Ⅳ. ① H195.5

中国版本图书馆 CIP 数据核字 (2019) 第 191771 号

项羽的故事

XIANG YU DE GUSHI

责任编辑：唐琪佳　李　凯　　封面制作：西吉文化
插图绘制：北京冰河插画工作室　西吉文化
排版制作：北京创艺涵文化发展有限公司
责任印制：周　燚

出版发行：北京语言大学出版社
社　　址：北京市海淀区学院路 15 号，100083
网　　址：www.blcup.com
电子信箱：service@blcup.com
电　　话：编辑部　8610-82303647/3592/3724
　　　　　国内发行　8610-82303650/3591/3648
　　　　　海外发行　8610-82303365/3080/3668
　　　　　北语书店　8610-82303653
　　　　　网购咨询　8610-82303908
印　　刷：北京中科印刷有限公司

版　　次：2019 年 9 月第 1 版
印　　次：2019 年 9 月第 1 次印刷
开　　本：880 毫米 ×1230 毫米　1/32　　印　　张：3.5
字　　数：55 千字　　定　　价：29.00 元

PRINTED IN CHINA

编写说明

这是什么书？

这是为学汉语的人写的课外读物，有民间故事、文学故事、历史故事三个部分，一共有 50 本。

谁读这些书呢？

第一，学汉语的外国人；第二，生活在海外的华人子女；第三，中国国内学汉语的少数民族学生，甚至包括中国的小学生。

这些书有意思吗？难不难？

1. 这些书讲的故事很有意思，有很多中国文化的内容。你们在学习汉语的同时，也能了解中国文化。

2. 故事很容易懂。

我们把这些书分为三个等级：

级别	内容	册数	汉字量
第 1 级	民间故事	10 本	500 字
第 2 级	文学故事	20 本	800 字
第 3 级	历史故事	20 本	1200 字

第 1 级是最容易的，10 本书都是中国的民间故事。只要认识 500 个最常用的字，不用查词典，就能轻松读懂这 10 本书。

第 2 级有 20 本书，都是中国古代最有名的小说里的故事，认识 800 个汉字的人可以读懂。小说本来是很难的，可是我们讲得很简单，很容易懂。

第3级也有20本，认识1200个汉字的人可以读懂。这里讲的历史故事发生在2000多年前的中国。为什么给你们看过去的故事？因为文化是从过去来的，看看2000多年前的故事，才能真正知道中国人现在为什么这样想，为什么这样做。

每一本书都只有很少的字比较难，这些字有拼音，有插图，有说明，可以帮助你们读懂。

3. 每一本书都只有几万字，很快就可以读完一本，阅读会成为一件轻松、快乐的事。

4. 这套书一共有50本，很多，内容很丰富。读完这50本书，你们不但能了解中国文化，而且再也不会觉得中文难读懂了。

怎么样？快打开书，读一读这些有意思的故事吧！

关于历史故事

跟民间故事和文学故事不同，历史故事是真实的历史，是以前发生过的事。

这 20 本历史故事，选自公元前 770 年到公元前 202 年的历史。以《左传》《史记》《国语》《战国策》等历史记载为根据，只在细节上有一些连接和想象。

中国的历史很长，故事很多，为什么只选这一段时间？

这一段时间，正是春秋战国到秦朝末年。这是一个乱世，乱世故事多。

这一段时间，也是中华民族文化大发展的时候。

中国文化的很多思想来自这个时期，很多故事来自这个时期，很多成语来自这个时期。

这个时期是中华文化的源头。

要了解中国，必须了解中国文化。

要了解中国文化，就不能不了解春秋战国时期的历史。

历史故事每一本书都有一个编号，编号是根据时间的先后决定的，年代更远的在前面，年代较近的在后面。读者可以根据编号的先后阅读。

故事简介

陈胜、吴广起义，天下老百姓纷纷起来响应，项梁和项羽也在南方起义。

秦二世派章邯带领秦军去打起义军。起义军大败，陈胜、吴广都死了。

项梁恢复了楚国，不久遇到章邯的秦军，项梁战死。项羽带领楚军英勇作战，打败了秦军，章邯投降。

刘邦先进入关中，占领秦都咸阳。项羽进入关中后，设鸿门宴，差点儿杀了刘邦。后来项羽封了各地的王，自称西楚霸王，烧了咸阳，回到彭城。

刘邦联合各地的军队去打项羽，却多次被项羽打败。但是后来刘邦把项羽围在垓下，项羽兵败逃走，最后在乌江自杀。

目录

项梁和项羽

公元前210年，秦（qín）始皇（huáng）第五次巡游天下。这一次他到了长江以南，先到了吴（wú）中，然后到了会（kuài）稽（jī）山，传说这里有大禹（yǔ）的庙，所以秦始皇来这里祭（jì）拜。

吴中的老百姓听说皇帝（dì）来了，纷纷去看热闹。人人都想知道皇帝长什么样子、皇帝出巡有多威风。街道两边挤满了人，人们瞪（dèng）大眼睛，站在路边，等待皇帝的车队到来。

来了！走在最前面的是一队骑兵，非常威风、目空一切的武士骑着一匹匹高头大马，他们手中的武器寒光闪闪。后面是一队举着旗子的人，一面面旗子在风中哗（huā）哗作响。之后是一辆辆马车，每一辆马车都非常豪华。走在最后面的又是一队骑马的武士。马匹、车辆多得数也数不清，队伍很长，有好几里地。

有一辆马车的窗户打开了，车里的人正在往外看。

人们看见了车里的人。那人一定就是皇帝！因为他身上穿的、头上戴的都跟别人不一样。

突然，一个年轻人挤进人群，说道："我一定会取代他。"

旁边一个中年大汉赶紧捂（wǔ）住了他的嘴，小声

巡游 xúnyóu 到各地检查、游玩。
威风 wēifēng 使人看了又尊敬又害怕，觉得很了不起。
豪华 háohuá 非常好的，非常贵重的。

地说："不要乱说，会被灭族的。"说着赶紧拉着这个年轻人离开了。

这个年轻人是谁？他怎么那么大口气，敢说自己要取代秦始皇？

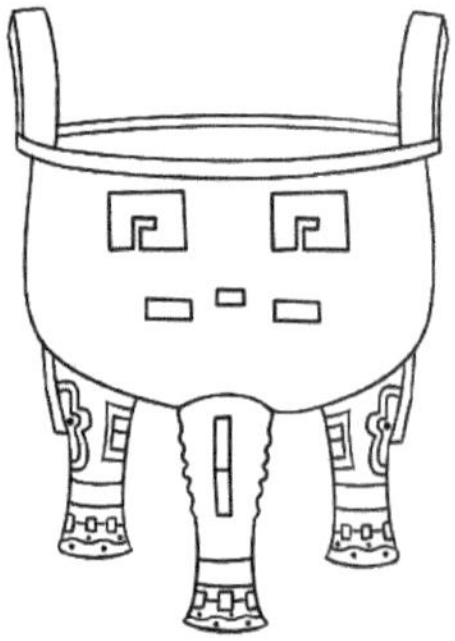

鼎

他姓项（xiàng），名籍（jí），字羽（yǔ），人们通常叫他项羽。那个中年大汉是他的叔叔项梁（liáng）。项羽身高八尺多（大约有1.9米），身体强壮（zhuàng），力气非常大，双手能够举起一个鼎（dǐng）。鼎是古代贵族们用来煮（zhǔ）食物的器物，有的是铜的，有的是铁的，有好几百斤重。

他们两人不是本地人，是从下相（现在的江苏北部）来到吴中的。吴中那些土生土长的年轻人，从来没有见过这么高大、威猛的人，所以，他们见了项羽都觉得害怕。

项家世世代代都是楚国的将军，因为被封在项这个地方，所以姓项。项羽的祖父项燕（yān），曾经打败过秦国大将李（lǐ）信。后来秦王派王翦（jiǎn）带领60万大军来打楚国，才灭了楚国，项燕战败自杀。所以，项梁和项羽对秦始皇非常仇（chóu）恨。

威猛　wēiměng　勇敢、力气大，看上去很厉害。

项羽的父母早死，他从小跟着叔叔项梁。项羽小时候，叔叔教他写字，他没有兴趣（qù），写字没学成。叔叔又教他学剑（jiàn），他还是没有兴趣，也没学成。项梁很生气，项羽说：“学写字有什么用？能写名字就行了。学剑只能够对付一个人，不值（zhí）得学。我要学可敌万人的本事。”

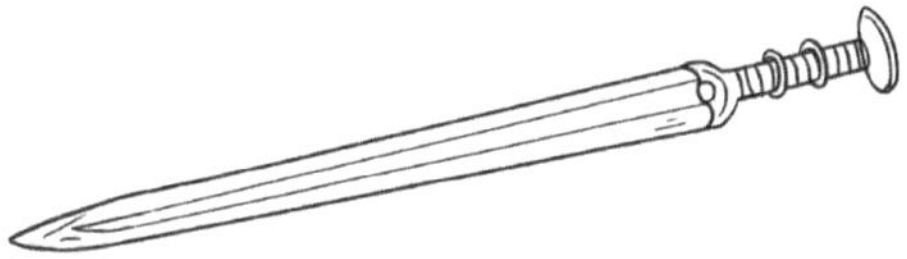

剑

好大的口气！要一个人对抗一万个人。

于是，项梁教他学兵法。项羽很高兴，可是当他懂得一些大意以后，又不肯下功夫学下去了。项梁叹（tàn）了一口气，拿他没办法。

后来项梁杀了人，在原来的地方待不下去了，只好带着项羽逃到了吴中。

项梁很能干，很有学问，吴中的士大夫们对他很佩（pèi）服、很敬重。县里如果有什么大事儿，都请项梁来决定。

陈胜、吴广起义

公元前209年7月，一队农民在官兵的押送下，急急忙忙地赶着路。他们有900个人，要去北方的渔（yú）阳（现在的北京附近）当兵，守边境。他们必须在规定的日期内赶到渔阳，如果迟到就会被处死。

可是天不遂人愿，走到半路突然下起了大雨，到处都是水，道路不通，没办法继续赶路了。他们只好在一个叫大泽（zé）乡的地方停了下来。

雨越下越大，一连下了好几天。他们计算了一下日程，已经不可能按时赶到渔阳了。这就是说，如果再到渔阳去，就是去送死。

怎么办呢？

有两个人在外边小声商量。这两个人一个叫陈（chén）胜，另一个叫吴广。他们跟其他人一样，都是穷苦农民，陈胜还是这队农民里的小队长。

"如果逃跑，被抓回来肯定是死；如果我们造反，即使失败了，无非也就是个死。既然都是死，还不如造反，为自己打天下不好吗？"吴广说。

"说得对。"陈胜说，"老百姓受秦朝暴政的苦已经很久了，大家都活不下去了。如果我们带头造反，大家一定会跟着造反。"

押送　yāsòng　由士兵们看管着，把人送去。
暴政　bàozhèng　皇帝对人民非常不好，抓很多人，杀很多人，等等。

话虽然这么说，可是他们还是有点儿拿不定主意，于是就去找人算卦，希望知道以后能不能成功。

算卦先生猜出了他们的意思，就说："你们的事情能成功，但是你们为什么不去找鬼神帮忙呢？"

找鬼神帮忙是什么意思？到哪儿去找鬼神？

后来，他们明白了，这是教他们用装神弄鬼的办法，让大家跟着造反。

于是，他们在一条白布上写了"陈胜王"三个红字，然后偷偷放进一条鱼的肚子里。这条鱼被他们伙房里的人买走了，这人在洗鱼的时候发现了这条白布，一看上面的字，大家都大吃一惊。这里的"王"读第四声"wàng"，是"称王"的意思，所以"陈胜王"就是说陈胜要称王。

后来，陈胜又让吴广晚上偷偷地跑到树林里，大声喊道："大楚兴，陈胜王。"黑夜中这叫声从远远的树林里传过来，显得非常奇怪，使人害怕，吓得大家一夜没有睡好。第二天早上，大家三三两两地在一起，人们都对陈胜指指点点。

有一天，押送这些人的两个军官喝酒喝醉了。吴广故意当着他们的面，一再说要逃跑，来激怒他们。

这两个军官果然发怒了，有一个军官跑过去想打

算卦　suàn guà　请人算命，算一算以后会怎么样。

吴广。吴广夺过他的剑，杀死了那个打他的军官。同时，陈胜也杀死了另一个军官。

接着，他们把所有的人都叫到一起，对大家说："各位，我们在这里遇上了大雨，无论如何也不可能按期赶到渔阳了。不按期到达是要杀头的，即使不杀头，守边的人里十个也有六七个要死。大丈夫死就死了，但是我们应该干大事业，那不如造反。那些王侯（hóu）将相难道是天生的吗？"

大家对暴政都已经忍无可忍了，所以一起喊道："造反！造反！我们愿意听从您的指挥。"

于是，他们在竹（zhú）竿（gān）上绑（bǎng）上一块布当旗子，起义造反了，国号"大楚"。陈胜和吴广当将军，带着大家攻下了大泽乡，然后又去攻打大泽乡所在的蕲（qí）县。

秦始皇统一六国以后，为了防止六国的老百姓造反，把天下的武器全都收了上来，化成铁水、铜水，做了 12 个非常大的金人放在咸（xián）阳的宫中。所以现在这些起义的农民手中并没有武器，他们只能拿着木棍（gùn）、农具往前冲。

蕲县的官军投降了。接着，起义军攻下了一个又一个县城。一路上不断有人加入起义军的队伍，当他

投降 tóuxiáng 因为打不过，所以不打了，放下武器，表示服从对方。

们攻到陈县时，已经有兵车六七百辆，骑兵1000多人，步兵好几万人了。

他们很快就攻下了陈县。陈县是一个大县，人口比较多。陈胜和吴广叫城里有名望的人来开会。这些人很高兴，纷纷参加起义军，他们说："将军您为百姓反对暴政，重新建立了楚国，这么大的功劳，应该称王。"

于是，陈胜就称王了，国号"张（zhāng）楚"。

这时候，天下各郡（jùn）县的老百姓也都非常痛恨秦朝的暴政，他们听说陈胜造反了，纷纷响应陈胜，杀掉他们那里的官员，跟着起来造反。楚地几千人一伙的起义军已经多得数不清。

陈胜派了一些人到北方去，又派人到南方九江等地，叫大家一起起义。

吴广带着起义军围攻荥（xíng）阳。荥阳是一个大城，城墙高大，秦朝的官军很多，起义军攻了很长时间，都攻不下来。

陈县有一个人叫周文，很懂得用兵。他建议（yì）陈胜派军队绕过荥阳，直接向秦朝的都城咸阳进攻。于是陈胜任命周文为大将军，派他去打关中，进攻咸阳。

周文一路上招兵买马。当他的军队到达函（hán）

招兵买马 zhāobīng-mǎimǎ 招收士兵，购买战马等，扩大军队的人数和实力。

谷（gǔ）关时，已经有兵车 1000 多辆，步兵几十万人。起义军一路向西，到了咸阳东郊，扎（zhā）下营来。

起义军已经打到跟前了，可是咸阳的秦军不多，秦二世急了，问大臣（chén）们怎么办。

有一个官员叫章（zhāng）邯（hán），他说可以把修秦始皇墓（mù）的几十万犯人编成军队，来抵抗起义军。

秦二世同意了，任命章邯为将军，带着这支军队去抵抗周文的起义军。

章邯是一位军事人才，他懂得怎么组织一支军队、怎么打仗（zhàng）。

周文的起义军虽然人数很多，可是都是各地的农民，他们没有受过军事训（xùn）练，也没有像样的武器，这么多人又听不到指挥，所以两军一相遇，起义军大败。周文只好往东退，退出关中，收兵整顿。

过了两三个月，章邯的追兵到了。周文又被打败，于是再往东退。过了十天时间，章邯的军队又到了。这一次周文的起义军被完全打败，周文自杀，剩下的人全都逃散了。

这时，起义军内部开始不团结了。陈胜派往赵（zhào）地的武臣自己称赵王，他们只想着保住自己的地方，不再听陈胜的命令。燕地有了燕王，齐地有了齐

抵抗 dǐkàng 派出军队跟敌人打。

王，魏（wèi）地有了魏王。各地的起义军只管自己的事儿，都忙着扩展自己的势力。

围攻荥阳的吴广起义军仍然没有攻下荥阳，而章邯的秦军已经很近了。起义军中的田臧（zāng）等人在私下商量，说："周文已经被打败了，秦军很快就会到这里。我们围攻荥阳很久了，一直都没打下来。如果这时候章邯的秦军到来，我们肯定会失败。不如留下少数兵力，把主力集中起来去打章邯。"

"吴广会同意吗？"有人问道。

"吴广这个人很骄傲，又不懂军事，即使跟他商量，他也不会听我们的建议。如果不杀他，我们的计划就不会成功。"

于是，他们杀了吴广。

田臧留下一些人马继续围攻荥阳，自己带着主力去迎战章邯，结果被章邯打败，田臧战死。

接着，章邯又打败了围攻荥阳的起义军。这以后，起义军一次又一次被章邯打败，连陈县都丢了。

这时，陈胜的车夫杀死了陈胜，投降了秦军。

陈胜称王只有六个月时间，就被打败了。可是，天下的起义军却越来越多，秦军已经应付不过来了。

项梁起义

陈胜等人起义的消息传到了会稽，会稽郡的人也想起义，但是没有人带头。九月，会稽郡的郡守把项梁找去，说："现在长江以北的人都造反了，看来是老天爷要灭掉秦朝。因此我也想起兵，想请你和桓（huán）楚当将军。"

可是，当时桓楚因为犯罪，逃走了，现在不知道在哪儿。

项梁说："桓楚逃亡（wáng）在外，没人知道他的下落，只有项羽知道。"说完，他就出去找项羽。

这时项梁已经有了起义的计划，他让项羽提着剑在外边等着，自己又回去陪着郡守坐了一会儿，然后对郡守说："请您叫项羽进来，让他去找桓楚吧。"

郡守说："好的。"

于是，郡守就把项羽叫了进来。项梁对项羽使了一个眼色，意思是可以动手了。项羽拔出剑来，杀了郡守。郡守手下的人知道郡守被杀后，都吓坏了，纷纷去拿刀枪，乱作一团。项羽一下子杀了近百人，其他的人都吓得再也不敢动了。

项梁把会稽城里的有钱人和官员找来，告诉他们自己要发兵起义。项梁自己当了会稽郡郡守，让项羽

郡守 jùnshǒu 一个郡最大的官。
犯罪 fàn zuì 做了坏事儿，比如杀人等。

当了副将。接着他派人去接管会稽郡下面的各个县，宣布命令，叫民众安心。他们动员年轻人参加起义军，一下子征集到了8000个士兵。

这时，陈胜派到南方的人来了，请项梁赶快发兵向秦军发起进攻。于是项梁带着8000士兵，渡过长江。项梁听说陈婴（yīng）已经攻下了东阳县，于是派人去联系。

陈婴原来是东阳县的一个小官，对老百姓不错，是一个有名的老好人。后来，东阳县的年轻人起义，一共有几千人。他们杀掉了县令，想找一个新的县令，却找不到合适的人选，于是他们请陈婴当县令。陈婴说自己干不了，可是这些年轻人不听，硬让他当了县令。接下来，参加起义的人越来越多，有两万人了。东阳县的年轻人想立陈婴为王。

陈婴吓坏了，他知道自己没有这个能力，赶紧说："项梁已经渡过长江来到这里了，他们家世代都是楚国的将军，是干大事的人，我们如果跟着他们，就一定能推翻秦朝。"

大家觉得他说得对，于是两万人一起投奔了项梁。

不久，英布和蒲（pú）将军也带着人马来投奔项

宣布　xuānbù　公开告诉大家。
投奔　tóubèn　前去依靠别人，参加别人的军队。

楚

梁。项梁的起义军一下子有了六七万人马。

这时，陈胜已经死了。陈胜手下的人另立了一个王，他们想阻止项梁的军队，结果反而被项梁的军队打败，队伍也被项梁收编了。

项梁派项羽去攻打襄（xiāng）城，襄城城墙坚固（gù），攻不下来。可是项羽气势盖人，不顾死伤多少人，猛冲猛打，硬是攻下来了。看到军队死伤严重，项羽一怒之下把城里的男女老少全都杀了。

人们第一次看到了项羽的英勇，也看到了他的残暴，看到他杀了很多无辜的人。

项梁的起义军人数越来越多了，项梁叫各路将领来开会，商量大事。来了很多人，其中有刘（liú）邦（bāng）。刘邦是沛（pèi）县人，他那时刚起义，势力还很小。

会上，一个白胡子老头儿给项梁出主意，说："陈胜起义为什么失败呢？因为他不立楚王的后代，自己当了王，所以他不能长久。现在项将军您从江东起兵以来，有那么多楚国人来投奔您，就是因为你们项家世代都是楚国的将军，大家相信您能够恢复楚国，再扶立一个楚王的后代。"

阻止 zǔzhǐ 不让别人前进，不让别人做。
残暴 cánbào 凶恶，做杀人、放火等很坏的事儿。
无辜 wúgū 没有罪。

这老头儿是什么人？他叫范（fàn）增，已经70多岁了，是个很有计谋（móu）的人，以前一直悄悄地在家中当一个老百姓。

项梁听了范增的话，觉得有道理，于是就派人去找楚王的后代，很快就找到了。这人是楚王的孙（sūn）子，名字叫心，当时流落在民间，给人放羊。项梁立他为王，称他楚怀（huái）王。以前有过一个楚怀王，后来被骗到秦国，死在了秦国。现在这个也叫楚怀王，是表示对他的纪念。

项梁宣布恢复楚国。实际上当时不但楚国恢复了，赵国、燕国、齐国、魏国也都恢复了。

项梁让陈婴陪着楚怀王，自己号称武信君（jūn），让范增给自己当军师。

休整了几个月之后，项梁的楚军攻打东阿（ē），把秦军打得大败。项梁派项羽和刘邦攻打城阳，攻下后，他们又把全城的人都杀了。接着，项梁又在濮（pú）阳城东大破秦军，秦军逃入濮阳城里不敢出来。这时候，项羽和刘邦也大破秦军，杀死了秦将李由。李由是李斯（sī）的儿子，曾经打败过吴广。

项梁战死

项梁的楚军接连打胜仗，这使项梁骄傲了起来，他心里想："人们都以为秦军有多厉害呢，原来这么不经打。"项梁越来越看不起秦军。

他手下有一个谋士叫宋（sòng）义，提醒他说："我们刚打了几场胜仗，您如果骄傲起来，士兵们就会放松（sōng），那就要打败仗了。现在秦军的援军越来越多，我很担心。"

项梁听了很不高兴，心里想："秦军也不过如此，只有你这种胆小的文人才会害怕。"

项梁找了一个借口派宋义到齐国去，省得他在自己耳边说这说那，挺烦人的。宋义只是一个谋士，地位低，跟项梁又不太熟悉，见项梁不听他的，只好出发去齐国。在路上他碰到了齐国派往楚军的使者高陵（líng）君。

宋义问他："您这是要去见项梁将军吗？"

高陵君说："是的。"

宋义说："我估计项梁将军的军队马上就要打败仗了。您要是走得慢一点儿，就不会遇难。要是走得太快，说不定也会被杀。"

"是吗？"高陵君听了半信半疑，心里想："项梁是很会打仗的，怎么会失败呢？"

谋士 móushì 帮别人出主意、想办法的人。

他虽然不太相信宋义的话，但还是放慢了脚步。

帐篷

项梁打发走了宋义，心情好了很多，开始在帐（zhàng）篷（peng）里喝酒。反正下了几天雨，士兵们也累了，还是让军队休息休息吧，等天晴了以后再向秦军进攻。

可是秦军并没有休息。这时候项梁的对手是章邯，他的军队是秦军的主力。秦二世又给他派来了增援部队。章邯是一个很会用兵的将领，他知道项梁是将门之后，跟陈胜、吴广的农民起义军不一样。要打败项梁，必须利用这样的天气，利用项梁的楚军连打胜仗之后的骄傲心理。

于是，晚上的时候，章邯趁着项梁的楚军没有准备，领着秦军全部人马，突然冲了过来。

楚军睡觉正睡得香，来不及抵抗，死的死，伤的伤，很多士兵连衣服都来不及穿好就四散逃命了。这一仗，楚军死伤很多，整个军队都被打散了，项梁自己也战死了。这对起义军来说，是一个很大的打击。

刘邦和项羽这时正在进攻陈留，听到这个消息，刘邦对项羽说："项梁将军刚刚去世，现在军心动摇。我们不如暂时退到彭（péng）城去。"

彭城就是现在的江苏徐（xú）州（zhōu）。

项羽同意，于是楚国的起义军都退到了彭城，准备在彭城跟章邯的秦军再战。可是，章邯没有来。

他为什么不来呢？原来章邯觉得楚军死伤很多，项梁一死，已经用不着担心了，就决定去攻打黄河以北的赵国。所以，他领着秦军渡过黄河，往北去了。

楚怀王听说项梁战死，心里很害怕，也赶到了彭城。他是项梁立起来的，所以想趁这个机会，扩大自己的权力。

于是，他把项羽的军队收编了过来，自己管。

听说章邯渡过黄河，往北去了，楚怀王就想派兵往西去打秦朝的都城咸阳。可是项梁死了，让谁来当大将军呢？

他为什么不叫项羽当大将军？

因为项羽太年轻，只有24岁，而且楚怀王觉得项羽骄傲自大、目中无人。他不喜欢项羽。

齐国的使者高陵君这时还在楚国，他对楚怀王说："楚军里有一个人不得了呀，这个人就是宋义。"接着他把在路上遇到宋义，宋义跟他说项梁要打败仗的事儿说了一遍。

"我当时不相信，可是项梁将军果然战败身死。宋

权力 quánlì 能决定怎么做的力量。

义料事如神，他可以说是一个军事天才。”

楚怀王于是任命宋义为上将军。

楚怀王问：“谁愿意去打咸阳？”

项羽说：“我叔父被秦人杀了，这个仇我一定要报，请大王派我去。”

刘邦说：“我也愿意去。”

楚怀王说：“好，你们谁先进入关中，打下咸阳，谁就当关中王。”

放下这里不说，再说北方战场。这时候赵国被章邯打得大败，赵王赵歇退到巨（jù）鹿（lù）城内。

章邯命令王离、苏角和涉（shè）间三个将军领着20万大军把巨鹿围住。王离带领的秦军就是长城军团，这支军队战斗力很强。章邯自己带领30万大军驻扎在巨鹿的南面，中间修了一条通道，给王离送粮草。

秦军并没有急于攻打巨鹿城。章邯已经准备好了战场，就等着各地的军队来救巨鹿，他打算就在这个地方消灭各地的军队，谁来救，他就消灭谁。

赵国眼看就要被秦军灭了，赵王赶紧派人到各地去求救。

使者来到彭城，向楚王求救。楚怀王问道：“燕国、齐国、魏国离你们近得多，你们为什么不向他们求救？”

驻扎 zhùzhā 军队在一个地方住下。

赵国的使者说："齐国和燕国已经派兵去了，可是章邯的秦军实在很厉害，人数又多，齐国和燕国的援军到了以后，都不敢向秦军发起进攻。"

项羽正要为叔父报仇，想跟秦军拼个你死我活，就说："要是连巨鹿都救不了，还怎么灭秦？我们应该马上就去救赵国。"

楚怀王知道项羽是一位战将，可是他害怕项羽的势力太大，于是让宋义带着楚军的主力大军去救赵国，让项羽当副将，范增当末（mò）将。

刘邦带着自己的部队，往西北进军，去攻打关中和咸阳。

公元前207年，宋义带着楚国大军到了安阳，这里离秦军不远了。宋义命令部队停下来。

楚军在安阳一连停了46天，项羽对宋义说："赵国的情况十分紧急，我们应该赶紧去救赵国。再说，我们的粮食也不多了，为什么在这儿停留这么长时间？"

宋义说："我们应该先让秦军和赵军打，如果秦军胜了，他们一定也很疲劳，损失一定很大，这时候我们再出兵打他们，就会轻松得多。如果秦军被赵军打败，我们就可以往西进攻咸阳。要说打仗，我比不上你；要说计谋，你就不如我了。"

计谋　jìmóu　这里指怎么打胜仗的方法。

宋义下令，谁要是不听命令，自己行动，就要被处死。

当时天气寒冷，又下着雨，士兵们又冷又饿。而宋义却天天在帐篷里喝酒作乐。

项羽非常生气，对左右的人说："今年闹灾荒，士兵们没有吃的，军中快没有粮食了，可是宋义还在大吃大喝。他不领兵去攻打秦军，却说什么要等秦军被打败的时候再战。秦军这么强大，赵国如果被灭掉，秦军就更强大了，我们还有什么机会呢？宋义完全不关心士兵，他不是一个能带兵的人。"

第二天早上，项羽去见宋义的时候，把宋义杀了。他对大家说："宋义按兵不动，想造反，楚王秘密命令我把他杀了，以后大家听我的。"

所有的将领都对宋义不满，他们说："本来我们就是跟着你们项家造反的，现在你来当上将军吧。"

项羽已经把宋义杀了，楚怀王也没有办法，只好让项羽当了上将军。

巨鹿之战

当时的形势对起义军非常不利。

秦军粮草很多，王离的长城兵团曾经打败过匈奴，战斗力很强。章邯的秦军，虽然一开始的时候是由修墓的犯人组成，但是后来经过不断的战斗积累，也已经是一支很有战斗力的军队。而且，这时候秦军的总人数达到50万之多。

相反，起义军士兵们没有受过训练。当时到达巨鹿的起义军虽然已经有十几支部队，可是人数不多，战斗力不强，面对强大的秦军，他们谁也不敢参战，只是高高地建起墙，在一旁观看。

大家都知道，这是一场关系到生死的大战。

楚军只有几万人，比秦军少得多。而且楚军缺少粮草，士兵们信心不足。项羽知道，楚军不能指望别人，只能自己奋战，以少胜多。两军相遇勇者胜，项羽必须鼓起楚军的勇气，才能够取得胜利。

项羽命令英布和蒲将军带领两万人马，立即渡过漳（zhāng）河。秦军派几万人马前来阻挡。英布是项羽手下的猛将，带领士兵猛冲，结果秦军被打败逃走。

军队做饭的大锅

看到楚军已经占领了河对岸，项羽命令全军渡河。他让每个士兵只带三天的干粮，把做饭的锅

(guō) 都砸碎了。过了河，项羽又命令士兵把船也全都沉入河底。

这就是破釜沉舟。

为什么要这么做？

项羽要让士兵们都明白，楚军已经没有退路，后退就是死，必须拼命向前，只有打败秦军才有出路。他要士兵们树立起必胜的决心，就是战死也不后退。

项羽的勇气和决战精神鼓舞了楚军全体将士，大家只有一个念头：往前冲，打败秦军。

楚军大喊着冲向前，项羽自己冲在最前面。王离的秦军抵挡不住，开始往后退。这一退，秦军更加害怕，楚军士兵个个英勇无比，以一当十，以十当百，秦军从退却变成了逃跑。

秦军的失败局 (jú) 面已经不可收拾，可是王离仍然拼命抵抗，他正好遇到项羽。这个时候任何人都不是项羽的对手，项羽大喝一声，冲上前去，只几个回合，王离就被打下马来，士兵们冲上去，把王离捆了起来，王离被活捉。秦军的另一个将领苏角战死。涉间一看大势已去，就放火烧掉了秦军大营，自己也被烧死了。

破釜沉舟 pòfǔ-chénzhōu 打碎锅，把船沉入水中，现在用来表示下决心做事情，不管怎样都把这件事情做完。釜：锅。舟：船。

三天时间里，楚军打了九场胜仗，章邯带着剩下的秦军退到了棘（jí）原。

当楚秦两军交战，在战场上拼命的时候，各地来救援赵国的十几座大营，没有一处敢冲出来跟秦军打仗。将军们一个个都站在自己的营墙上，远远地看着。

战斗的激烈程度把他们吓住了。楚军杀声震（zhèn）天，前面的人倒下了，后面的人仍然奋勇往前冲，这种不要命的勇猛气势吓得他们胆战心惊。

等到战斗结束，巨鹿城解围以后，项羽叫各路起义军来开会，这些没有参加战斗的将领们都很害怕，他们在项羽面前不敢抬起头来，一个个跪在地上，谁也不敢看项羽。他们表示愿意听从项羽的指挥。

从此，项羽成了各路起义军的上将军，各路起义军都由他统领。

项羽准备接着向章邯的秦军进攻，他的谋士范增说："章邯还有20万军队，不容易消灭。现在他打了败仗，估计秦二世和赵高不会放过他。我们还是先等一等，看看情况再说。"

项羽觉得有道理，于是就把军营扎在河的南边，两军对峙了半年时间。

激烈 jīliè 气势大，力量大。
对峙 duìzhì 两支军队相互对立，谁也不让谁。

范增说得果然没错。秦二世和赵高听说章邯接连打败仗，非常生气，特地派了一个使者来责问章邯。

章邯很害怕，他觉得应该派人去向秦二世说明前线的情况，请求派更多的军队来支援。于是，他派使者司（sī）马欣（xīn）到了咸阳。可是司马欣见不到秦二世，连赵高都见不到。司马欣等了三天，知道情况不好，赶紧偷偷地离开咸阳回到了前线。

他对章邯说："现在朝中赵高专权，下面的人没法办事。我们如果打胜了，赵高会杀我们；我们如果打输了，他也会杀我们。反正都是死，将军您看怎么办呢？"

章邯听了心里更加恐慌，他手下的将军们个个都生气得要命。

这时候，赵国的陈余（yú）给章邯写了一封信，劝章邯投降。陈余在信里说："秦国过去的大将白起打了无数胜仗，功劳大不大？可是他最后只好自杀。蒙（méng）恬（tián）也打了很多胜仗，功劳也很大，可是他也被秦二世杀了。将军您带兵三年了，损失的军队有十几万，而起义军却越来越多。您想想结果会怎样？

"现在赵高也很害怕，怕秦二世杀他，他一定会先杀掉您，让别人来代替您。您现在处境很危险呀。

"天下的人，无论多笨，都知道是老天爷要亡秦，您还打个什么劲儿呢？还不如跟我们一起共同反秦，将来可以南面称王。您想一想，跟自己白白送死、全家被杀的结果相比，哪个更好呢？”

这些话句句都说到了章邯的心里，章邯不想为秦二世卖命了。可是，项羽会放过自己吗？他仍然拿不定主意。他暗中派人去见项羽，想跟项羽谈，可是没有谈成。

项羽又向秦军发起进攻，秦军已经没有斗志，结果大败。章邯只好又派人去见项羽，表示愿意投降。

项羽跟他的部下商量，说：“我们的粮草太少，我想接受他们的请求。”

他的部下都表示同意。

项羽跟章邯见了面。章邯流着眼泪向项羽诉说了赵高专权害人的情况。于是项羽封章邯为雍（yōng）王，让他留在了自己的军中。项羽让司马欣当了上将军。秦军改变了旗子，现在也成为起义军，走在前面开路，几十万大军向西前进，往关中走去。

秦军的主力投降了，前面应该已经没有战斗，可以很快地进关了。

可是，他们在路上没走几天，楚军和东方各国军队的士兵就跟原来的秦军士兵发生了冲突。

这些东方士兵过去被秦军抓去当兵、做苦工，受尽了秦军士兵的欺负，现在秦军投降了，于是他们也趁机欺负秦军士兵。

秦军士兵心中不满，私下里说："章将军骗我们投降，让我们跟起义军一起去打关中。如果打进去了，灭了秦朝，那还好。要是灭不了，我们就得跟他们一起回东方去，那时候我们的妻子、父母统统都要被杀光了。"

这些话渐渐地传到了楚军将领们的耳朵里，他们立即报告了项羽。

项羽把将领们找来商量，说："秦军还有20万人，他们对我们不服气，现在他们的思想越来越不对了。进了关以后，万一他们不听指挥，又反过来打我们，那就危险了。不如现在就把他们全都杀了。"

将领们有的赞成，有的反对。最后项羽决定只留下章邯、司马欣、董（dǒng）翳（yì）三个人，其他人都杀掉。

当队伍走到新安城郊的时候，项羽再一次表现出了他的残暴本性，下令把20万秦军统统活埋。

鸿门宴

杀了投降的秦军，项羽带着起义军的队伍来到了函谷关。函谷关是通向关中的必经之路，这里有高大的城墙，以前一直有秦军把守，现在秦军投降了，应该能够顺利通过。可是，等他们来到函谷关时却发现城门紧紧地关着，城上有人把守。项羽抬头一看，在城墙上站着的不是秦军，竟然都是楚军。这些楚军士兵竟然不让项羽的军队入关。

守关的士兵说："沛公命令，不许任何军队进关。"

沛公就是刘邦。刘邦的军队因为一路上没有碰到强大的敌人，早已经顺利进入关中，攻下了咸阳，秦国已经灭亡了。

项羽听到这话，大怒："刘邦想独占关中是不是？想把我挡在关外，他有这个能力吗？"

项羽命令英布攻打函谷关。函谷关很快就被攻下来了，项羽带着人马过了函谷关，一路上再也没有遇到军队，一直来到了离咸阳不远的鸿（hóng）门。

大家都累了，项羽让部队驻扎下来休息。

这时候，刘邦的军队驻扎在霸（bà）上，他还没有跟项羽见面。但是，他手下出了内奸，左司马曹（cáo）无伤偷偷地派人向项羽报告："沛公想当关中王，让子婴当丞（chéng）相，现在秦国所有的财宝都是刘邦的了。"

内奸　nèijiān　藏在内部的敌人。

秦二世死了以后，赵高立子婴为秦王，后来子婴投降了刘邦。

项羽听了大怒，说："明天让士兵们吃饱饭，我们去打刘邦。"

秦帝国已经灭亡，接下来起义军之间要争个你死我活了。谁能够打败其他人，谁就是皇帝。当时，项羽有40万军队，刘邦只有10万。

范增对项羽说："刘邦在家乡时，是个又贪财又好色的家伙，现在进了关，这么多财物他竟然不抢，美女他也不要，可见他的野心不小啊。必须赶紧消灭他，万万不能错过了机会。"

范增坚决支持项羽杀刘邦。从鸿门到霸上只有40里路，只要项羽一声令下，大军很快就能到霸上。

这时候，项羽军中有一个人非常着急。他叫项伯(bó)，是项羽的堂叔。项伯有一个朋友在刘邦军中，他叫张良。以前项伯曾经杀过人，被官府追杀，后来逃到张良那儿，张良帮助了他，使他躲过了这场灾难，从此两个人就成了朋友。

"明天我们一进攻，刘邦肯定全军都完了。可是张

贪财　tān cái　非常喜欢钱，不顾一切想得到更多的钱。
好色　hàosè　喜欢跟女人在一起。
堂叔　tángshū　爷爷的兄弟的儿子。

良还在刘邦那儿呢，得想办法先叫张良逃走，要不然明天打起来张良也完了。他可救过我呀，这次我不能不救他。”项伯心里想。

想到这里，项伯连夜骑着快马偷偷地跑到刘邦的军营中，去见张良。他把大概的情况说了一遍，拉着张良要一块儿走，说：“你不要跟着刘邦一起送死了。”

张良说：“不行，现在沛公有了危难，我知道了，却悄悄地独自逃走，这样做太没情义了。要走我也得去跟他说一声。你等我一会儿。”

张良进去找到刘邦，把项羽的计划说了一遍。

刘邦大吃一惊，着急地问：“这怎么办呢？”

张良说：“把守函谷关，不让项羽进来，是谁的主意？”

刘邦说：“有个人跟我说，只要把守住函谷关，不让别的军队进来，我就可以占领关中称王。所以，我就听了他的话。”

张良说：“您自己估计，您的军队打得过项羽吗？”

刘邦半天没作声，然后说：“当然是打不过。你说，现在我们该怎么办呢？”

张良说：“那我就出去告诉项伯，您从来没有，也不敢背叛项羽。”

背叛　bèipàn　反对自己原来的一方，为敌对的一方做事。

刘邦问："你跟他谁的年纪大？"

张良说："他比我大。"

刘邦说："好，你请他进来，我要以兄长的礼节来对待他。"

于是张良出来把项伯请了进去。刘邦一见项伯，立刻端起酒杯向项伯敬酒。刘邦说："我进关以后，不敢动关中的一草一木。大大小小的仓库里所有的东西都跟原来一样，就等着项将军到来。我之所以派人守函谷关，是为了防备土匪，防止其他事情发生。我日夜盼望着项将军来，怎么敢有别的用心呢？请您回去跟项将军解释解释，替我说几句话。"

项伯答应了，并且对刘邦说："明天一早，您自己要早一点儿过去，亲自去赔罪。"

刘邦赶紧说："是，是，明天一早我一定去请罪。"

刘邦还不放心，一个劲儿地讨好项伯，还跟他约定了做儿女亲家，就是把自己的女儿嫁给项伯的儿子，或者让自己的儿子娶（qǔ）项伯的女儿。

项伯于是连夜赶回了自己的军营，他马上去见项

仓库　cāngkù　放东西的大房子。
土匪　tǔfěi　专门杀人、抢东西的坏人。
盼望　pànwàng　非常急切地希望。
解释　jiěshì　说明是怎么回事。
赔罪　péi zuì　向人说对不起，说自己做错了。

羽，把刘邦的话报告给了项羽，然后说："要不是刘邦打下了关中，我们能这么容易地进来吗？人家功劳那么大，我们反而要去打他，这不是太不讲道理了吗？刘邦说他愿意听你的指挥，明天一早，他还要亲自过来向你赔罪。我看我们不如好好地对人家。"

听项伯这么一说，项羽也觉得要是刘邦愿意听自己的指挥，再去打他，那就太没道理了。于是，他就答应了项伯的要求。

第二天一早，刘邦带着张良和100多个卫兵，骑着马急急忙忙赶到鸿门。他心里七上八下，不知道今天会是什么结果。他希望项伯能够改变项羽的计划。

进了项羽的军营，卫兵只准刘邦和张良两个人进去见项羽，其他人都被留在了外边。本来刘邦和项羽都是楚国的将军，以前地位一直是平等的。可是这次刘邦来见项羽，显得低声下气，就好像一个犯了错误的下级来见上级。

刘邦向项羽解释说："这几年我跟将军齐心合力攻打秦朝，您攻取黄河以北，我攻取黄河以南。我真没想到，能先攻进关中。打下关中以后，我一心等着您来。谁知道竟然有小人挑拨您和我的关系，让将军怀疑我。"

挑拨　tiǎobō　让双方的人互相不相信对方。
怀疑　huáiyí　不相信，觉得有问题。

项羽说："都是你的左司马曹无伤说的，不然我怎么能怀疑你呢？"

听了刘邦的解释，项羽觉得误会刘邦了，心里有点儿过意不去，于是就宴请刘邦。项羽、项伯坐在主位，谋士范增作陪；刘邦坐在客位，张良作陪。

酒菜端上来了，刘邦仍然很担心，很小心地向项羽敬酒。

范增原来跟项羽说好了，要趁机杀掉刘邦。他不知道项羽为什么突然对刘邦客气起来了，难道就因为刘邦解释了几句吗？

他几次用眼睛看项羽，可是项羽没注意他。他又几次举起身上带的玉玦（jué），暗示项羽。玉玦是古人带在身上的东西。范增用"玦"，暗示"决"，让项羽下决心，杀掉刘邦。

玉玦

范增的举动很奇怪，这回项羽注意到了，而且也明白了他的意思。可是项羽已经改变了主意，跟昨天晚上的想法不一样了。项羽心里想："刘邦并不像别人说的那样想自立为王，他愿意听从我的命令。这不，他都到我这里来赔罪了，我还杀他干什么？"

所以，无论范增怎么暗示，项羽都没有回应他，反倒向刘邦劝起酒来。

范增急了，站起身来往外走。

他要去做什么呢？

原来他是想去找人帮忙。他走到门口，看见了项庄（zhuāng），就对他说："大王为人心太软，你现在进去，给他们敬酒，敬完酒就舞剑为他们助兴，然后你就找个机会杀死刘邦。这个人不杀，以后我们都会被他抓住。"

项庄听了马上就进去向刘邦敬酒，然后说："军营中没有什么可以娱乐的，就让我舞剑来为你们助兴吧。"

项羽说："好！"

于是项庄就拔出剑来开始舞剑，然后慢慢地向刘邦靠近。

项伯看出来了，他知道一定是范增叫项庄进来舞剑，要刺杀刘邦。他赶紧站起来，也拔出剑来，跟项庄一起舞剑，并且有意用自己的身体护着刘邦，使项庄没办法下手。

宴会上一下子紧张起来。张良一看不好，也赶紧站起来，走到外边去找刘邦的将军樊（fán）哙（kuài）。

娱乐　yúlè　使人快乐的活动，如唱歌、跳舞等。

樊哙见到张良，赶紧问道："里面怎么样了？"

张良说："危险极了。现在项庄正在舞剑，他的用意就是刺杀沛公。"

"项庄舞剑，意在沛公"这个成语就是从这儿来的。

樊哙说："情况很紧急了，我也进去，跟他们拼命。"

盾牌

于是，樊哙带着剑，握着盾（dùn）牌（pái）往里走。门口的卫兵不让他进去，樊哙用盾牌一撞，两个卫兵就都倒在地上了。

樊哙进去以后也不说话，怒气冲冲地站着，瞪大了眼睛看着项羽。

项羽一看，立即手按剑把，问道："你是什么人？"

张良赶紧介绍说："这是沛公的随车卫士樊哙。"

项羽一听，说道："是一位壮士。来人，给他来一杯酒。"他大概很喜欢樊哙的英雄（xióng）气概。

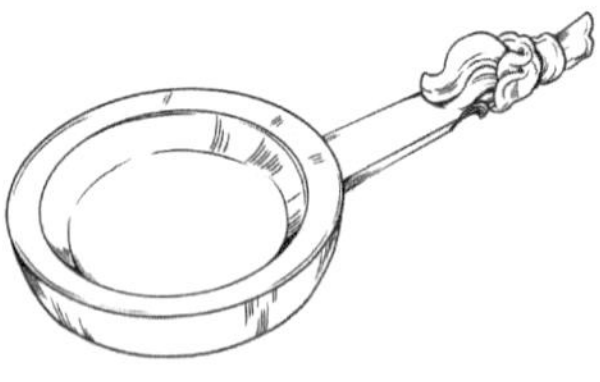

斗

于是，手下的人递给樊哙一大斗酒。"斗"是一种很大的酒杯。

樊哙弯下身来道谢后，站起来接过酒杯，一饮（yǐn）而尽。

项羽又说："来人，再给他来只猪腿。"

手下的人故意给樊哙一只没有做熟的生猪腿。樊哙接过猪腿，什么也没有说，把盾牌放在地上，然后把猪腿放在上面，拔出剑来一边切，一边吃。

项羽是个粗人，他很喜欢樊哙这样有英雄气概的粗人，说道："是一个好汉，还能再喝吗？"

"我连死都不怕，难道还会推辞一杯酒吗？"樊哙说，"想当初，秦王像虎狼一样，杀人没有够，结果全天下都造反了。一年前，楚怀王当众跟各路人马约定，谁先破秦，攻入咸阳，谁就当关中王。现在沛公先攻破了咸阳，他进城后，一草一木都不敢动，封好了宫室，驻军在霸上，一心一意等着您到来。我们派人守住函谷关，那是为了防备土匪出入。像沛公这样劳苦功高的人，您不但没有奖赏（shǎng）他，反而听小人的坏话，要伤害有功的人，您所走的完全是秦朝的老路。我认为您是万万不应该这样的。"

樊哙这些话说得很有道理，项羽只好说："请坐。"

于是，樊哙挨着张良坐了下来。

过了一会儿，刘邦站起来要上厕所，把樊哙叫了出去，张良也跟了出去。

樊哙和张良都劝刘邦马上回霸上的军营。

推辞　tuīcí　拒绝，说不行。

刘邦说："刚才我出来的时候并没有向项羽告辞，这样做合适吗？"

樊哙说："要干大事，就不要管那些小事。现在人家是菜刀、砧（zhēn）板，我们是要被人家切割的鱼肉，还讲什么告辞？"

砧板上的菜刀和鱼肉

于是刘邦决定逃走，他把张良留下来，应付后面的事儿。

张良说："您带什么礼物来了吗？"

刘邦说："我带了一对白璧（bì），是给项羽的；一对玉斗，是给范增的。刚才他们发脾气，我没来得及交给他们，你替我给他们吧。"

张良说："好的。"

于是刘邦把带来的100多人都扔下，自己骑着马，让樊哙、夏侯婴、靳（jìn）强、纪信四个人步行跟着，从小路逃走了。

刘邦临走时对张良说："我走小路回军营，不过20里路。你估计我到了霸上的时候，再进去对项羽说。"

刘邦走了，张良估计刘邦已经回到了霸上，才进去对项羽说："沛公刚才喝得太多了，不能亲自来向您告辞。他带来的礼物有一对白璧，让我转交给您，一对玉斗，转交给范将军。"

项羽说："沛公现在在哪里？"

张良说："他听说您要惩罚他，很害怕，所以吓得回去了，估计现在已经到了军营。"

项羽没有说话，接过玉璧，放在了座位上。

范增接过玉斗，气愤地往地下一摔，拔出剑来，砍得粉碎，狠（hěn）狠地说："这糊涂小子真没法跟他一起做事，将来夺得天下的一定是刘邦。我们都会被他抓住！"

范增70多岁，项羽20多岁，项羽称范增为亚（yà）父。这一回，范增发火了，骂项羽是个糊涂小子。

刘邦回到军营，立刻就把左司马曹无伤杀了。

这就是历史上有名的"鸿门宴"的故事，后来人们用"鸿门宴"来比喻有危险的宴会。

惩罚 chéngfá 把做错事儿、做坏事儿的人关起来、打、杀头等。
比喻 bǐyù 用一件事儿来说明另一件事儿。

西楚霸王

过了几天，项羽带兵进入咸阳。咸阳已经跟过去不一样了，秦帝国完了，现在是他项羽的了。

“怎么处理秦王子婴？”项羽大声地问将士们。

“杀！”几乎所有的人都喊道。

子婴只当了46天秦王，没做过什么坏事儿，而且已经投降了，所以刘邦没有杀他。可是在起义军士兵们看来，他代表的是残暴的秦帝国，代表的是秦始皇。老百姓跟秦帝国的血海深仇都要算在他头上。

于是，子婴被杀死了，他死得很冤。

接着，士兵们就去杀秦国的贵族，杀了800多人，然后他们又在咸阳城里到处找以前秦朝的官员，找到了就杀，连他们的家里人都一起杀了，一共杀了4000多人。他们杀得咸阳城里遍地都是尸体，血流成河。他们终于报了仇了。

可是在秦人眼里，项羽就是新的暴君，他跟秦始皇一样残暴。

咸阳的宫殿一座连着一座，这都是从全国各地抓来的几十万百姓流血流汗建起来的，有很多人死在工地上。看见这些宫殿，项羽心中就怒火燃（rán）烧，他下命令：“全部烧掉。”

于是，士兵们点起火把，点着了所有的皇宫。一

冤 yuān 本来没有错，却被当作有错。

时间，咸阳城中火光冲天，天上都是黑烟。大火烧了三个月都没有灭，咸阳城被烧成了一片废墟。项羽觉得很解气，他带着抢来的大秦帝国的金银财宝和美女，准备回到东部去。

这时有人劝项羽，说："关中是一个好地方，地势险要。如果您占据了关中，就可以称霸了。"他是建议项羽留在关中，把都城建在关中。

项羽打仗勇不可挡，没有人是他的对手，可是在政治上却非常幼稚。他到这时候都没有想过要当皇帝，建立一个新的朝代。他只想灭掉秦国，报仇雪恨。他的理想是恢复原来的六国，自己当楚王。而且，他也不喜欢关中，不喜欢秦国人的这个地方。他知道，秦国人也不会喜欢他，所以他准备回他的家乡去。

再说，宫殿都烧掉了，咸阳变成了一片废墟，住哪儿？

所以他说："富贵了不回故乡，就好像穿着好看的新衣服走夜路，谁看得见呀？"

那个劝他留在关中的人很失望，在背后悄悄地说："人家说，楚国人目光短浅，就像戴帽子的猴（hóu）子，看来果然是这样啊。"

废墟　fèixū　城市或村庄等被破坏后留下来的地方。
政治　zhèngzhì　有关国家、政府和权力的事儿。
幼稚　yòuzhì　像小孩儿那样，头脑简单，没有经验。

项羽听到了这话，心中大怒，立刻命令把这个人抓起来杀了。

猴子

接下来做什么？

很多人说，天下已经打下来了，大家分天下吧。

好，那就分。可是怎么分？现在还有一个楚怀王。楚怀王是当初项梁为了让楚国人起义立的。楚怀王虽然没有什么功劳，但是他的地位很高，项羽决定先去问问他。

楚怀王说："还是按照原来的约定吧。"

原来的约定是说，谁先进入关中，谁就当关中王。这样，刘邦就是关中王。

"不行！"项羽不愿意让刘邦占领这么大的地方，他必须压着刘邦的势力，不能让他强大起来。

项羽于是决定把楚怀王放在一边，自己来分天下。

首先，他把刘邦封在了巴（bā）蜀（shǔ）地区，也就是现在的四川（chuān）。那个地方山高路远，进出很不方便，过去是秦朝流放犯人的地方。

他对大家说："刘邦先进关中，应该当关中王。巴蜀是关中的一部分，所以封刘邦为汉王，管巴、蜀和汉中三个地区。"

他把真正的关中平原分给了秦朝的三个降将章邯、司马欣和董翳，让他们挡住刘邦的出路。其他那些项羽认为有功的人也都一一封了王。

项羽把自己封为了西楚霸王。西楚国有九个郡，都城在彭城。

楚怀王已经没有用了，项羽先把他尊为义帝，封在了长沙郡，然后又派人假装强盗，把他杀了。

天下分完后，大家各自回到自己的地方去。

项羽带着抢来的财宝和美女回到了自己的家乡。他以为天下从此会太平，这种局面能够长久下去。

可是，他分得不公平。所以，天下仍然不太平。实际上，不管怎么分，一定会有人觉得不公平。有的人分在不好的地方，觉得不满意；有的人没有被封王，更觉得不公平；有的人功劳不大，却分到了好地方，别人会觉得不公平。总之，大家都很不满意。

于是，战乱在他们之间又开始了。

最愤怒的是齐国的田荣（róng），他本来已经自称为齐王。因为他没有听项羽的命令抗击秦军，也没有跟项羽一起进关中，所以没有被封王。齐国的地方被封给了其他三个人。田荣一怒之下，把那三个王全都灭了，独占了齐国，并且让彭越当将军，让他跟项羽作

霸王 bàwáng 最有权力、最有威风、最让人害怕的王。

对。同时，北方的赵国也反了。

项羽大怒，派人去攻打彭越，结果被彭越打败。

刘邦也从巴蜀打出来了。不到三个月时间，他就打败了章邯等三个秦朝降将，占领了整个关中，而且准备出兵东进。

现在项羽的情况很不好，东边、西边和北边都是敌人。先打哪儿好呢？项羽认为主要的敌人是西边的刘邦和东边的田荣。

这时候，刘邦的谋士张良给项羽写了一封信，信里说：“汉王只想按当初怀王的约定，当一个关中王就心满意足了，他决不敢打出关中来跟您争天下。”

张良又把齐国和赵国写的反书寄给项羽，那反书中写的是让天下人都来反对项羽。张良说：“真正想要消灭您的是齐国和赵国。”

项羽心里想：“刘邦也不是什么好人，不过现在顾不上两头，让我先把田荣灭了，再去灭刘邦也不晚。”

所以，他只派了少量的军队去防备刘邦。

项羽向九江王英布征调兵力。英布本来是项羽手下一员最勇猛的将领，立过很多战功，所以项羽把他封在自己的南面。可是这一次，英布却说自己生病了，只派了一个将军，带着几千士兵跟着项羽去作战。项羽很生气，从此开始怨恨英布。

公元前205年，项羽自己带着大军，集中力量去攻打齐国。双方在城阳相遇。田荣不知道项羽的厉害，带着军队出来迎敌，结果被项羽打得大败。田荣逃到平原县，被平原人杀了。

项羽的军队乘胜追击，一路上他们烧掉老百姓的房屋，把所有投降的军官和士兵统统活埋，把老百姓捉回去当奴隶。这样从南到北，一直到北海边。项羽的军队走到哪里，哪里就变成一片废墟。

这时田荣的弟弟田横（héng）站出来，召集了各地的几万人，重新在城阳举起了齐国的大旗。他们知道打不过项羽，于是守住城，不再出战。

项羽一连几次攻打城阳，可是都没有攻下。这样，项羽的大军就不得不在齐国待了很长时间。

奴隶 núlì 古代可以被买卖、没有人身自由的人。

彭城之战

到了春天，就在项羽攻不下城阳，正在生气的时候，刘邦走出了函谷关，带着反对项羽的各路军队，总共有 56 万人，向彭城进攻。这一次刘邦人多势众，不怕项羽了，他要消灭项羽，统一天下。

项羽把主力带走了，守彭城的军队很少，结果彭城很快就被刘邦打了下来。刘邦占有了项羽的财宝和美女，非常高兴。他心里想："现在我有 56 万大军呢，你项羽有什么了不起，我等着你回来，谁怕谁！"于是他把项羽的好酒都搬出来，每天大摆酒席（xí），请大家吃喝玩乐，过着天天享（xiǎng）乐的好日子。

项羽听说自己的都城彭城被刘邦占领了，心中大怒。于是，他留下大部分人马继续围攻城阳，自己只带着三万名骑兵悄悄地回楚国。

刘邦在彭城的东边和北边都安排了大量的军队，等着攻打项羽，因为那两个方向是项羽回来的路线。可是，项羽绕过北边和东边，来到了西边，突然向彭城发起了进攻。

西边的守军不多，再说大家跟刘邦一样，都忙着享乐，没有人想到项羽会绕到西边来进攻，所以一点儿防备都没有。结果刘邦的军队很快被打败，项羽的骑兵一下子冲进了彭城。

刘邦的军队乱了，士兵们谁也不听指挥，到处乱跑逃命，许多人被赶进河里淹（yān）死了。这样被杀的人就有十多万。有一部分败军向南逃进了山里。刘邦的56万大军，被项羽的三万骑兵打得死的死，伤的伤，剩下的人都各自逃命去了。

楚军继续追击，把刘邦的汉军追到河边。前面有大河，后面有追兵，士兵们无路可逃，十多万人纷纷跳进了河里，连河水都被堵住不流动了。

刘邦自己被楚军围住，围了一层又一层，已经不可能逃走了，眼看着就要被抓住。要是被抓住，项羽一定会把他杀了，才能解心头之恨。

这时候，忽然刮起了大风，飞沙走石，大树被拔了起来，屋顶被刮走了，天黑得伸手不见五指。这阵大风向楚军刮过去。楚军一下子乱了，纷纷找地方避（bì）风。趁着这个机会，刘邦带着几十个随从，冲出包围逃走了。

刘邦的马车冲出包围以后，拼命地往西跑。项羽的骑兵在后面紧追不放，可是最后还是被刘邦逃走了。

刘邦的老家在彭城的西边，在沛县附近，离彭城不远。他的父亲、妻子和孩子都还在老家。刘邦经过那里的时候，想把家里人带走，要不然他们会落到项羽的手里。可是到家里一看，一个人也没有，不知道他们逃到哪里去了。刘邦只好不管他们了。

刘邦的父亲和妻子在哪儿？

他们在路上逃难的时候，正好碰到项羽的军队，

被项羽的军队抓走了。项羽把他们关在自己的军营里，作为人质（zhì）。

刘邦回到了自己的地方，召集逃散的士兵，跟他们一起退到荥阳，后来又有不少在彭城被打散的士兵也都来到了荥阳。刘邦的军队有一个大后方，就是关中和巴蜀，由丞相萧（xiāo）何经营这两个地方，不断地为刘邦提供粮草和兵员。这一次，连未成年的孩子和超过入伍年龄的老人都被萧何征集来送到了荥阳。刘邦很快又组织起了一支军队。

项羽的军队继续追击，追到了荥阳。汉军坚守荥阳，不再出战。两军在荥阳一带相持，项羽再也没能前进一步。

刘邦的汉军的粮食是从黄河南岸运过来的，从黄河南岸到荥阳有一条运粮的通道。项羽知道后，一连几次派出军队去攻击这条通道，抢走粮食。这样，汉军就没有粮食了。

刘邦很害怕，向项羽提出讲和，条件是以荥阳为界，荥阳以东的地方归（guī）项羽，荥阳以西的地方归刘邦。

项羽想要同意。因为他还有东边齐国的麻烦没有解决：项羽一走，田横又趁机收复了齐国，并且立田荣的儿子田广做了齐王。项羽想，等解决了齐国的麻烦，再回过头来收拾刘邦。

他的谋士范增说:“现在的汉军是最容易对付的,如果现在不打,以后你一定会后悔。”

项羽听了范增的意见,不同意讲和,并且加紧攻打荥阳。

刘邦很着急。这时,他的谋士陈平给他出主意,说:“项羽多疑,容易听信谣言。他手下的谋士只有范增一个人能给他出一些好主意。我们可以用离间(jiàn)的办法,使他怀疑范增,这样项羽就好对付了。”

刘邦就让陈平去做这件事儿。

陈平派出了一些人假装成楚军,混到楚军军营里,散布谣言说:“范将军的功劳这么大,却什么好处都没有得到,要是在汉营,恐怕早就封王了。”

项羽听到了这些话,对范增渐渐起了疑心。

有一天,项羽派的使者到了汉营,汉营的接待人员准备了牛、羊等最好的菜来接待他们。饭菜端上桌以后,接待人员问:“你们是谁的使者?”

来人回答说:“是项王的使者。”

接待人员装出很吃惊的样子,说:“我们还以为是范将军的使者呢,原来你们是项王的使者啊。”

说着就把桌上的好饭菜都拿下去,换上了一桌很差劲的饭菜。

谣言 yáoyán 故意放出来的假消息。

项羽的使者当然很生气，回去把这些情况跟项羽做了报告，项羽就怀疑范增跟刘邦暗中有关系，于是就渐渐地远离范增了，并且减少了他的权力。

范增很生气，对项羽说："现在天下的大事差不多已经定了，以后你可以自己干了，我回家当老百姓。"

项羽同意了。范增离开了军营，还没有走到彭城就病死了。从此没有人为项羽出主意了。

楚河汉界

项羽加紧了对荥阳的进攻，荥阳眼看守不住了。刘邦的将领纪信说：“现在情况已经很危急了，让我假装您出去骗项羽，您可以找机会逃脱。”

于是，刘邦在一个夜晚打开荥阳的东门，让被抓来的2000个妇女穿上汉军的军装，然后把她们赶出城去，假冒汉军士兵，纪信坐着刘邦的马车混在这些人中间。楚军一看，马上围了上来。纪信让人喊道：“城里的粮食已经吃完，汉王出来投降了。”

楚军高兴得不得了，以为这一次抓住了刘邦。实际上，刘邦已经从另一个门悄悄地逃走了。项羽知道自己上了当，非常生气，于是下令把纪信活活烧死。

项羽占领了荥阳，打算继续往西进攻。刘邦赶紧派兵设防，阻止项羽继续西进。这时，在项羽后面的彭越带着大军来找麻烦。他们攻击项羽的后方，杀死项羽的将士，占领项羽的城市，抢走运往前线的粮食。如果不管他，项羽的军队就没有粮食了。于是项羽只好亲自领兵回去攻打彭越。

彭越在刘邦攻下彭城的时候就已经投靠了刘邦，刘邦叫他专门在项羽的后方破坏项羽的粮道。彭越的军队不多，他打不过项羽，采取的是“敌进我退，敌

投靠 tóukào 加入别人的队伍。

退我进”的办法。项羽一来，他就逃走；项羽一走，他就再来占领项羽的地方，抢走项羽的粮草，弄得项羽非常头疼。

刘邦逃出荥阳以后，得到了韩信的军队，力量又壮大了起来。他派出一支部队去帮助彭越，自己趁着项羽跟彭越打仗，很快渡过黄河，收复被项羽占领的地方，把军队驻扎在广武山。

当项羽把彭越赶走后，再一次回到西边来的时候，刘邦已经占领了广武山。广武山东西各有一个山头，分别称东广武和西广武，中间是一条河。汉军守住了西广武，楚军占领了东广武。两边离得不远，大声说话都能听见。在这儿，两军对峙了几个月。

项羽一走，彭越的部队又杀了回来，连续在项羽的后方切断项羽的粮草补给线，给项羽造成了很大的麻烦。

项羽急了，派人在东广武做了一个高台，让人把刘邦的父亲带上来，对刘邦大声喊道：“如果你还不投降，我就把你父亲杀死。”

刘邦这才知道自己的父亲和妻子被项羽抓走了。不过，刘邦不怕项羽的这一套，他大声对项羽说：“当初我跟你一起在怀王手下当将军，大家说好了以兄弟相待。因此，我的父亲也就是你的父亲。你如果一定要杀你的父亲，那就请你杀吧。”

项羽想不到刘邦这么无赖。他气得要命，真的想把刘邦的父亲杀了。这时候，项伯劝他说："现在还看不出以后的情况会怎样发展，还是暂时留着这个老头子吧。况且，打天下的人是不顾家的，你就是杀了这个老头子也没用，白给自己找麻烦。"

项羽觉得有道理，只好让人把刘邦的父亲带下去。

楚汉两军在广武山相持的时间太长了，双方的青壮年都被抓来当兵打仗，连老人和孩子也都被抓来给军队运送粮草。项羽对刘邦喊道："百姓们一连几年都很苦，这都是我们俩闹的。我说，还是我们俩比个高低，别让老百姓受罪了。"

项羽很年轻，刚过30岁，身强体壮，力能举鼎。刘邦50多岁了，身体瘦弱，哪里是项羽的对手？所以刘邦笑着说："我不跟你比匹夫之勇，我要跟你斗智（zhì）。"

项羽派出一些人向刘邦挑战，刘邦却叫手下的一个神箭手，向他们射箭，一连射死了好几个人。项羽一看，大怒，亲自出来挑战，刘邦的神箭手正要向项羽射箭，项羽瞪大眼睛向他大喝（hè）一声，吓得那神箭手掉头就往军营里跑。

刘邦也出去，对着项羽大声说道："你有十大罪状：

无赖 wúlài 不讲道理。
罪状 zuìzhuàng 有罪的事实。

第一，不讲信义；第二，乱杀老百姓；第三，杀害义帝（楚怀王）；……”

项羽听了大怒，一挥手，让后面的弓箭手向刘邦射箭。刘邦来不及逃走，胸口中了一箭，受了重伤，差一点儿从马上掉下来。可是他忍痛回到军营，假装摸着脚，说：“项羽射中了我的脚。”

左右的人赶紧扶着他进了帐篷，叫医生来给他医治。汉军士兵听说刘邦中了箭，受了重伤，都慌了神，而楚军就等着刘邦一死就发动总攻。就在这紧要关头，刘邦叫医生用布包好伤口，上了马车，到各军营里去巡查了一遍，向士兵们证明自己活得好好的，汉军士兵这才安定下来。

项羽听说刘邦没死，还亲自到各军营巡查，看起来伤势不重，项羽非常失望。

过了一些日子，项羽听说韩信在平定了黄河以北以后，又攻下了齐地，下一步就要发兵攻打楚国了。于是赶紧分兵派一位将军去抗击韩信。结果，那位将军被韩信打败，战死了。

项羽一听说自己的部队被韩信消灭，心里慌了神，于是派了一个人去劝韩信脱离刘邦，跟着自己。

韩信当然不会跟着项羽，因为他最早从军的时候，就是在项羽手下。项羽只相信自己的武力，别人他都看不上，特别是像韩信这样没有后台的人，再有才能也不可能得到项羽的重用。所以，韩信后来跑到了刘邦那儿去了。

这时候，彭越在项羽的后方又打起来了，占领了大梁那一带，断绝了楚军的粮草。项羽非常生气，看来不把彭越消灭，后方就不会太平。他下定决心，这一次一定要完全消灭自己身后的这些敌人。

于是他把军队交给曹咎（jiù）和司马欣，对他们说："你们好好地守着阵地，不管汉军怎么向你们挑战，你们都不要理他，只要别让他们打过来就行。我保证在15天之内消灭彭越就回来。"

于是他带着一部分军队走了。

项羽首先进攻外黄。外黄的守军一直坚守了好几天，可最后还是被项羽攻占了。等到攻下来以后，项羽非常生气，下令把全城15岁以上的男子全部集中到城东活埋。

眼看很多人又要无辜地死了。这时，一个13岁的孩子站出来，对项羽说："彭越靠着武力让外黄人守城，外黄人能不听他的吗？他们是希望大王您来，现在您来了，又要把他们活埋。这样一来，其他地方的人谁还愿意跟着您呢？从这儿往东，还有十几座城被彭越占着，那里的人恐怕没有一个敢跟着您了。"

项羽一听，觉得这小孩儿说得有道理呀。要是每一座城都拼命抵抗，那不是给自己找麻烦吗？什么时候才能消灭彭越，回到前线去呢？于是他把所有的人都放了。这样一来，下面的战事果然顺利了很多。从外黄往东十几个城，城里的人一听说项羽来了就纷纷投降了。

可是跟汉军相持的楚军却出了问题。项羽一走，刘邦就得到了消息，于是他就让汉军一个劲儿地向楚军挑战。开始的时候，楚军按照项羽的要求坚守不出。

项羽不在，刘邦知道这是打败楚军的最好机会：“你不是不出来吗？我就派人天天骂你，骂得你忍不住了，你就会出来了。”

于是刘邦让一些士兵对着楚军大骂，骂的那些话真的非常难听，难听得会让人气冲心头。一连五六天，汉军越骂越难听，越骂越来劲儿。最后，终于把曹咎骂急了，他气愤地想：“刘邦这个无赖，看来我得教训教训你。”他下令大军渡过河，向汉军发起进攻。

刘邦早就有准备，就等着楚军渡河呢。楚军渡河渡到一半的时候，汉军突然冲出来发起攻击，楚军大败，曹咎和司马欣都战死在河边。楚军的粮草和所有财物都被汉军抢走了。

项羽听说曹咎兵败，只好放下东边这一头，赶紧回到西边。这些年来，他虽然一次又一次地打败刘邦，

教训 jiàoxùn 让犯错的人知道自己错了。

可是始终被刘邦牵着鼻子走，一会儿往东，一会儿往西，两头来回跑着。

当项羽赶回来的时候，汉军正在围攻楚将钟（zhōng）离眛（mò）。钟离眛是楚军中的一位军事人才，可是，项羽信不过他。项羽信任曹咎和司马欣这样没有才能的人，只因为曹咎和司马欣以前曾经帮助过项梁。这次，项羽临走的时候如果把大权交给钟离眛，事情就不会这么糟糕了。

围攻钟离眛的汉军一看项羽回来了，吓得赶紧逃回自己的营地里坚守，不再出来。

这时，汉军人多粮足，而楚军已经兵疲粮尽了。

刘邦派了一个人去见项羽，请他放自己的父亲和妻子回来。两个人订立条约，平分天下。鸿沟以西的地方归刘邦，鸿沟以东的地方归项羽，从此不再打仗。

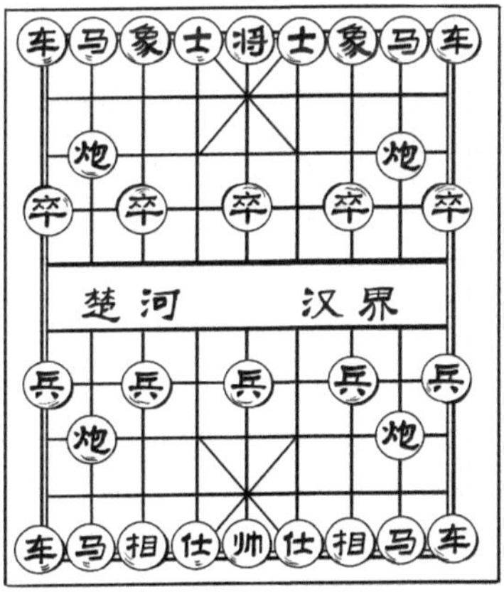

中国象棋

鸿沟是一条古运河，在现在的河南省，正是当时楚汉两军相持的分界线。后来，人们用鸿沟来比喻分界线。中国象（xiàng）棋（qí）

糟糕　zāogāo　情况很不好。

棋盘（pán）的中间有一条分界线，写着楚河汉界，指的就是鸿沟。

项羽真是累了。他没有别的办法，只好同意这个条约，答应了刘邦的要求，把刘邦的父亲和妻子放了回去。

四面楚歌

订立条约以后，项羽就带着军队离开前线，准备回彭城去。刘邦也准备回去。

可是，谋士张良和陈平对他说："我们已经占领了天下的一大半，而项羽已经兵疲粮尽，这是老天爷让我们统一天下的时候，我们不如趁现在消灭他。如果现在不打，那就是留着老虎，让它以后咬我们。"

刘邦想了想，觉得他们说得对，就决定采用他们的意见。

公元前202年，刘邦带领汉军去追项羽。项羽知道刘邦又追来了，心中大怒："刘邦你这个说话不算数、不讲信义的无赖，看我怎么收拾你！"

在一天清晨，项羽带领楚军突然发起反击，杀死汉军两万多人，再次将汉军打得大败。刘邦慌忙带着大军退入军营，并筑（zhù）起营墙坚守不出，楚军又一次包围了刘邦。

刘邦跟项羽打仗，总是打不过，打一次败一次，好几次被项羽打得差一点儿连命都丢了。可是刘邦却越打越有信心了。因为韩信已经平定了黄河以北和齐地，项羽南边的九江王英布已经投降刘邦，刘邦已经完成了对项羽的包围。项羽不过是一个武夫，不知道经营后方，没有人给他送兵员和粮食，他的军队越打越少了。所以，打败项羽是迟早的事儿。

可是，眼下刘邦打不过项羽，只好退入军营，深挖沟，坚守不出。

本来刘邦跟韩信和彭越说好了，让他们同时从东面进攻，可是没想到刘邦进攻的时候，韩信和彭越都没有来。

刘邦问张良："韩信和彭越不来，怎么办呢？"

张良说："项羽眼看就要被消灭了，可是韩信、彭越这些人还没有得到好处，他们不来是很自然的。如果您舍得跟他们共分天下，那他们马上就会来。如果您舍不得那样做，那么消灭项羽的事儿就很难说了。"

刘邦说："好，按你说的办。"

他马上派人对韩信和彭越说："打下楚地以后，从陈县一直到海边的地方全部给韩信，从睢阳以北一直到谷城都给彭越。"

结果，韩信和彭越立刻就表示："我们马上就出兵。"

汉军五路大军，一共有60万人，四面合围楚军。项羽的楚军只有十万人，只好后退到垓（gāi）下。刘邦叫韩信指挥大军作战，韩信带领自己的30万大军在中间，作为主力，向楚军发动进攻。项羽带着楚军迎敌，英勇还击。

两军打了一天，楚军死了四万多人，被抓住两万，逃走两万，只有不到两万人跟着项羽退回军营中。汉军伤亡十几万，付出了远高于楚军的代价。

汉军人数实在太多，项羽和他的士兵虽然非常英勇，可是冲不出去。这时楚军兵力已经很少了，粮食也没有了。

怎么办呢？项羽从来没有这么发愁过。天黑了，他坐在帐篷里，睡不着。

忽然从远处传来了歌声。在这夜深人静的时候，歌声越来越大，越来越清楚。项羽听出来了，这是楚国的民歌！

渐渐地，唱歌的人越来越多了，四面都传来了楚歌歌声。

“怎么回事？歌声是从汉军军营里传过来的，汉军怎么会唱楚歌呢？难道楚国的地方已经全部被汉军占领了吗？要不然他们军中怎么会有那么多楚人呢？”项羽心中奇怪。

项羽的士兵们听到自己家乡的歌声，个个都非常伤心，心情更加低落：“多年来跟着项羽东征西战，身边的很多人都死了。这一次楚军被包围，大概要完了。真没想到会是这样的结果，自己还能回到家乡去吗？”

楚军军心动摇，士兵们失去了斗志。

没有前途了，难道还要在这里等死吗？有的人趁着天黑，偷偷地离开楚营，逃走了。这头一开就不可收拾，逃兵越来越多，连一些将军都逃走了，楚军军营里没剩下多少人了。

“四面楚歌”后来变成了一个成语，用来比喻四面受敌，处于危急的困境。

项羽没有办法阻止士兵们逃跑，只好睁一只眼闭一只眼，随他们去吧！

他自己坐下来喝酒解愁。他喜爱的女人虞（yú）姬（jī）一直跟随在军中，这时走过来给他倒酒。虞姬深受项羽的喜爱，所以项羽一直把她带在身边。

看到虞姬，项羽更加发愁了。他自己突围冲出去是很容易的，可是虞姬怎么办呢？她一个女子，骑马骑得不好，没办法带着她，可是又怎么能把她扔下不管呢？真没想到事情会这样，项羽觉得自己的运气太差了。

他站起来唱道：

力拔山兮气盖世，
时不利兮骓不逝，
骓不逝兮可奈（nài）何，
虞兮虞兮奈若（ruò）何！

这首歌的意思是，我力气很大，能把山拔起来，我的豪气能压倒所有人。可是现在我的运气不好，连我的马都不跑了。马不跑了没关系，可是虞姬啊，我要把你怎么办呢？

兮　xī　古代诗歌中的语气词，相当于“呀”。
骓　zhuī　这里指的是项羽的乌骓马。
逝　shì　离开，跑。

项羽心中很烦，这首歌唱了一遍又一遍，虞姬也跟着他唱。

项羽这样一个男子汉，这时候竟然泪如雨下，他身边的将士们也都个个流泪不止，不敢抬起头来。

虞姬知道，只要自己在，项羽就不能放心去突围，于是她趁项羽不注意，拔剑自刎了。

项羽一回头，看见虞姬已经倒在地上，他抱着虞姬痛心不已。

京剧（jù）《霸王别姬》，演的就是这一段。

自刎 zìwěn 自己割自己的脖子自杀。

乌江自刎

埋葬（zàng）了虞姬，项羽跳上他的马，下命令突围。这时，还有800多骑兵跟着他。趁着夜半天黑，他们悄悄地冲出了包围，一直向南飞快地跑去，汉军竟然没有发现。

天亮了以后，汉军才知道项羽已经跑了，急忙报告刘邦，刘邦着急地说："怎么能让他跑了呢？快追！"

刘邦派5000骑兵往南追去。

项羽一路飞跑，天亮的时候渡过淮（huái）河，一看身边，只剩下100多人了，其他人都没跟上。

又跑了一阵，发现前面有两条路，项羽不知道该往哪一边走，他迷了路。他向路边的一个农民问路，这个农民骗他说往左。

于是，项羽带着大家跑向左边的路，可是跑着跑着就觉得不对了，路越来越小，渐渐地进入了荒地。项羽知道上了当。

"这该死的家伙，竟敢骗我！"项羽愤恨地说，"快往回走。"

他们很困难地拉着马一步一步地退出来，这花了他们很多时间。这时，后边的汉兵赶上来了。

项羽身边只剩下28个人了。面对着刘邦的几千追兵，项羽估计自己是没有办法逃走了，就对身边的人说："自从我起兵到现在已经八年了，这八年里，我身经70多场大战，攻无不克，战无不胜，没有失败过一次，因此成了天下的霸主，想不到今天被困在这里。

“今天要最后拼命了，我要为你们再痛痛快快地打一仗，一定要连胜他几回，为你们突破重围，杀死敌将，砍倒敌人的旗子。让你们明白，是老天爷要灭我，不是我不会打仗。”

这时，汉军已经围了他们好几层，项羽把这 28 人分成四组，分别向四个方向冲出去，并且大家约好在山的东面，分三处会合。他说：“看我杀他们的一个将军。”说完，他大喊一声，拍马冲了出去。

汉军吓得纷纷往后退。在混乱中，项羽杀死一位将军，冲出了包围。汉军在后面追，项羽回过头来，瞪起眼睛大喝一声，吓得汉军士兵们转过身去赶快逃命，后退了好几里。

项羽果然跟他的部下们在三个地方会合了，一点人数，只少了两个。项羽说：“你们看，怎么样？”

大家说：“果然像大王说的那样。”

项羽带着大家来到乌（wū）江边，准备渡过江到东边去。

这时候，江上过来一条小船，靠在岸边。驾船的人很佩服项羽，对项羽说：“江东虽小，可是也有上千里的地方，还有几十万民众，足可以让您称王。大王快渡江吧，江上只有我这一条船，汉军来了过不了江。”

这些话都是好意，可是项羽听了觉得很惭愧。自己败得这么惨（cǎn），还回到江东去干什么？大丈夫死了就死了，什么都可以不要，却不能没有骨气！

他改变了主意，笑着对那人说：“既然是老天要灭我，我还渡江干什么？当初我跟8000江东子弟渡江到西边来，现在他们没有一个人生还。即使江东父老可怜我，还让我当王，我还有什么脸去见他们呢？就算他们不说什么，我自己难道不觉得惭愧吗？

“我知道你是一位好人，这匹马跟了我五年，所向无敌，能够一日飞跑千里，我不忍心杀它，送给你吧。”

说完，他命令所有的人下马步行，手拿短兵器，跟汉军交战。这是最后的战斗，项羽一个人就杀死了好几百汉兵，他自己身上也负了十几处伤。

忽然，项羽看见了一个认识的人，这个人原来是他的部下，后来投降了刘邦，他叫吕（lǚ）马童。

“这不是我的老朋友吕马童吗？”项羽对他说。

吕马童一看，立即回头对大家说：“这人就是项王。”

项羽说：“我听说刘邦用千金买我的人头，杀掉我的人还要封万户侯。今天我就送你一个人情吧。”

说完，他拔剑自杀了，这一年他只有31岁。

惭愧　cánkuì　因为做错事儿，觉得不好意思，恨自己。

汉军士兵都跑过去争抢项羽的尸（shī）体，因为抢到尸体的人就能封万户侯。为此他们自己人之间打了起来，死了几十个人。最后，吕马童等五个人分别抢到项羽的头和四肢（zhī），五个部分合起来正好是一具完整的尸体。五个人因此都被刘邦封为侯。

项羽死了，楚国和项羽的部下都投降了刘邦。楚汉之争结束了，刘邦终于松（sōng）了一口气。

张良向刘邦建议，好好安葬项羽，以便安抚项羽的部下和楚国的人。刘邦觉得张良说得对。因为项羽最初被封为鲁公，于是刘邦就按鲁公的礼仪（yí），把项羽安葬在谷城。刘邦亲自主持了葬礼，并且在墓前大哭了一场。

刘邦没有杀项羽家族的人，项伯等人还被封了侯。

项羽到死都没有明白他为什么会失败。他觉得是因为他运气不好，不是他不会打仗，是老天爷要他死。

跟刘邦相比，项羽在政治上非常幼稚，他不懂得安抚民心，不懂得经营后方，不懂得重用各类人才，他手下的人才如韩信、陈平等纷纷跑到刘邦那一边去了。他听不进别人的劝告，所以他身边没有谋士，仅有的一个范增，后来也被他赶走了。

项羽确实英勇善战，他觉得这就是一切。他以为

安抚 ānfǔ 使别人不再伤心难过。

只要用武力就能征服天下，所以他很残暴，杀了很多无辜的人。他的理想只是当一个霸王，让别人服从自己，而不是建立一个新的朝代，让老百姓安居乐业。所以，他一定会失败。

项羽虽然失败了，但是2000多年来，人们没有忘记他，人们都很佩服他的英雄气概。无论在小说、诗（shī）词还是戏（xì）曲（qǔ）中，他都是一个英雄。比如，宋朝女诗人李清照的诗：

生当作人杰，
死亦为鬼雄。
至今思项羽，
不肯过江东。

到江东去，项羽也许还有机会东山再起，但是他觉得对不起江东父老，他选择（zé）了死，他的英雄气概令人佩服。

人杰　rénjié　了不起的人。
亦　yì　也。
至今　zhìjīn　一直到现在。

生词表

A		
安抚	ānfǔ	90
B		
霸王	bàwáng	56
暴政	bàozhèng	8
背叛	bèipàn	40
比喻	bǐyù	49
C		
残暴	cánbào	19
惭愧	cánkuì	88
仓库	cāngkù	41
惩罚	chéngfá	49
D		
抵抗	dǐkàng	13
对峙	duìzhì	32
F		
犯罪	fàn zuì	16
废墟	fèixū	54
H		
豪华	háohuá	2
好色	hàosè	39
怀疑	huáiyí	42
J		
激烈	jīliè	32
计谋	jìmóu	27
教训	jiàoxùn	74
解释	jiěshì	41
郡守	jùnshǒu	16
M		
谋士	móushì	22
N		
内奸	nèijiān	38
奴隶	núlì	58
P		
盼望	pànwàng	41
赔罪	péi zuì	41

附录：第三级 1200 字表

A

阿 啊 挨 矮 爱 安 岸 按 暗 傲

B

八 吧 拔 把 爸 白 百 摆 败 拜 班 般 搬

板 办 半 帮 傍 包 宝 饱 保 报 抱 杯 北

备 背 倍 被 本 笨 逼 鼻 比 笔 必 闭 避

边 编 便 变 遍 表 别 冰 兵 饼 并 病 脖

补 不 布 步 部

C

擦 猜 才 材 采 彩 踩 菜 参 餐 藏 草 厕

层 插 查 茶 差 拆 柴 产 长 尝 常 场 唱

抄 超 朝 吵 车 尘 沉 晨 称 趁 成 承 诚

城 乘 程 吃 池 迟 持 尺 齿 冲 虫 愁 丑

臭 出 初 除 楚 处 穿 传 船 窗 床 吹 春

词 此 次 刺 从 聪 粗 催 村 错

D

达 答 打 大 呆 代 带 待 袋 戴 单 担 胆

但 弹 淡 蛋 当 挡 刀 导 岛 倒 到 道 得

德 的 灯 等 低 敌 底 地 弟 递 第 点 店

钓 调 掉 跌 顶 订 定 丢 东 冬 懂 动 冻

洞 都 斗 抖 读 独 堵 肚 度 渡 端 短 段

断 堆 队 对 蹲 顿 多 夺 朵 躲

E

鹅 恶 饿 儿 而 耳 二

F

发 法 翻 烦 反 犯 饭 方 防 房 访 放 飞

非 费 分 纷 粉 份 奋 愤 风 封 夫 扶 服

福 府 父 付 妇 负 附 复 副 富

G

该 改 盖 概 干 赶 敢 感 刚 钢 高 搞 告

哥 割 歌 隔 个 各 给 根 跟 更 工 弓 公

功 攻 供 宫 共 沟 狗 购 够 估 姑 古 骨

鼓 故 顾 刮 挂 怪 关 观 官 管 惯 光 广

规 鬼 贵 跪 滚 国 果 过

H

孩 海 害 寒 喊 汉 汗 好 号 喝 合 何 和

河 盒 贺 黑 很 恨 红 后 候 乎 呼 忽 胡

湖 糊 虎 互 户 护 花 化 划 画 话 坏 欢

还　换　荒　慌　黄　灰　恢　挥　回　悔　会　昏　婚
混　活　火　伙　或　货　获

J

击　圾　机　鸡　迹　积　绩　激　及　级　即　极　急
集　几　己　挤　计　记　纪　技　际　季　既　济　继
寄　加　家　价　驾　架　假　嫁　稼　尖　坚　间　肩
捡　减　剪　检　简　见　件　建　健　渐　箭　江　将
讲　奖　降　交　郊　骄　角　脚　叫　较　教　接　街
节　结　她　姐　解　介　界　借　今　斤　金　仅　紧
尽　劲　近　进　禁　京　经　惊　睛　精　景　净　竟
敬　境　静　镜　九　久　酒　旧　救　就　居　举　句
拒　具　据　卷　决　绝　觉　军

K

卡　开　砍　看　康　扛　抗　考　烤　靠　科　棵　颗
可　渴　克　刻　客　课　肯　空　恐　口　哭　苦　块
快　筷　宽　况　捆　困　扩

L

垃　拉　啦　来　拦　蓝　篮　懒　烂　郎　狼　劳　老
乐　泪　类　累　冷　离　礼　里　理　力　历　厉　立
丽　利　励　例　俩　连　怜　联　脸　练　良　凉　粮

两 亮 谅 辆 量 聊 了 料 邻 林 临 零 龄
领 令 另 流 留 六 楼 路 旅 绿 乱 轮 论
落

M

妈 麻 马 骂 吗 埋 买 卖 满 慢 忙 毛 冒
帽 貌 么 没 每 美 妹 门 们 梦 迷 米 秘
密 面 灭 民 名 明 命 摸 母 木 目

N

拿 哪 内 那 奶 男 南 难 脑 闹 呢 能 泥
你 年 念 娘 鸟 您 牛 农 弄 努 怒 女 暖

P

爬 怕 拍 排 派 乓 旁 胖 跑 陪 盆 朋 碰
批 皮 疲 脾 匹 片 偏 篇 骗 漂 飘 票 拼
品 乒 平 瓶 坡 婆 破 扑 普

Q

七 妻 戚 期 欺 齐 其 奇 骑 旗 起 气 弃
汽 器 千 牵 前 钱 浅 欠 枪 强 墙 抢 悄
敲 桥 切 且 亲 侵 青 轻 清 情 晴 请 庆
穷 秋 求 球 区 取 去 全 劝 缺 却 确 群

R

然 嚷 让 扰 绕 热 人 忍 认 任 扔 仍 日

容 肉 如 入 软 弱

S

撒 赛 三 伞 散 扫 嫂 色 杀 沙 傻 晒 山

闪 善 伤 商 上 烧 稍 少 绍 蛇 舍 设 社

射 伸 身 深 神 升 生 声 胜 绳 省 剩 失

师 湿 十 什 石 时 识 实 拾 食 史 使 始

士 世 市 示 式 事 势 视 试 室 是 适 收

手 守 首 受 瘦 书 叔 舒 输 熟 术 束 树

数 摔 双 谁 水 睡 顺 说 私 思 撕 死 四

送 诉 速 酸 算 虽 随 岁 碎 损 所 锁

T

他 它 台 抬 太 态 谈 汤 堂 糖 躺 趟 逃

讨 套 特 疼 梯 踢 提 题 体 替 天 田 甜

挑 条 跳 贴 铁 厅 听 庭 停 挺 通 同 铜

童 统 桶 痛 偷 头 透 突 图 涂 途 土 团

推 腿 退 拖 脱

W

挖 外 弯 完 玩 晚 碗 万 王 往 忘 望 危

为 围 伟 卫 未 位 味 胃 喂 温 文 闻 问

我　握　屋　无　五　午　伍　武　舞　务　物　误　雾

X

西　吸　希　息　悉　惜　习　洗　喜　系　细　下　吓

夏　先　鲜　闲　显　险　县　现　线　献　乡　相　香

箱　响　想　向　像　消　小　校　笑　些　鞋　写　谢

心　辛　新　信　兴　星　行　形　醒　姓　幸　性　兄

胸　休　修　秀　袖　须　需　许　续　选　学　雪　血

Y

压　呀　牙　烟　严　言　颜　眼　演　宴　验　扬　羊

阳　养　样　腰　摇　咬　药　要　爷　也　野　业　叶

页　夜　一　衣　医　宜　移　疑　已　以　椅　义　异

易　意　因　阴　姻　音　银　引　应　英　迎　营　赢

影　硬　永　勇　用　优　由　油　游　友　有　又　右

于　鱼　雨　语　玉　预　遇　元　员　园　原　圆　援

远　怨　院　愿　约　月　越　云　运　晕

Z

杂　砸　灾　再　在　暂　赞　脏　糟　早　澡　造　责

怎　曾　增　摘　展　占　战　站　掌　丈　找　照　者

这　真　阵　争　征　睁　整　正　证　之　支　知　织

直　职　止　只　纸　指　志　治　中　终　种　众　重

周　猪　主　住　助　注　祝　抓　专　转　装　撞　追

准　捉　桌　着　子　字　自　总　走　租　足　族　组

祖　嘴　最　醉　尊　昨　左　作　坐　座　做